그린 위에 핀 사랑

A Love Blossomed on the Green

그린 위에 핀 사랑
A Love Blossomed on the Green

펴낸날	초판 1쇄 2025년 11월 15일

지은이	박연옥
펴낸이	서용순
펴낸곳	이지출판

출판등록   1997년 9월 10일
등록번호   제300-2005-156호
주소   03131 서울시 종로구 율곡로6길 36 월드오피스텔 903호
대표전화   02-743-7661   팩스 02-743-7621
이메일   easy7661@naver.com
인쇄   ICAN
물류   (주)비앤북스

ⓒ 2025 박연옥

값 13,000원

ISBN 979-11-5555-271-1 03810

* 저자와 합의하여 인지는 생략합니다.
* 이 책의 전부 또는 일부 내용을 재사용하려면 사전에 저작권자와
  이지출판의 동의를 얻어야 합니다.
* 잘못 만들어진 책은 구입하신 서점에서 교환해 드립니다.

그린 위에 핀 사랑
A Love Blossomed on the Green

박연옥(Heidi Park) **골프 감성시집**

이지출판

● 추천의 글_ 윤보영 커피시인

 골프 시인의 탄생! 더불어 골프 시집의 탄생!
 참으로 기쁜 일입니다. 골프만으로 한 권의 시집을 펴내다니, 정말 놀랍고도 뜻깊은 일입니다.
 그렇습니다. 골프는 반드시 코스에 나가야만 그 맛을 느낄 수 있는 것은 아니었습니다. 우리가 골프 치던 기억을 떠올리며 미소 짓듯, 이 시집의 시를 읽다 보면 실제로 골프를 치는 듯한 생생한 즐거움이 전해집니다.

 이 시집을 펴낸 박연옥 시인은 부지런하면서도 골프를 시의 언어로 담아내는 천부적인 재능을 지녔습니다. 그렇지 않았다면, 코스 위의 감각과 호흡을 이렇게 시 속에 자연스럽게 녹여 내기는 어려웠을 것입니다.

 이번 멋진 골프 시집의 출간은 진정한 골프인이자 시인이 되기 위해 꾸준히 노력해 온 시인의 값진 결실입니다. 그 길은 자신과의 싸움이었고, 결국 승리로 이어졌습니다. 돌아보니, "골프 시집을 내보라"고 권유하길 참 잘했다는 생각이 듭니다.

이제 시에도 전문화가 필요합니다. 제가 '커피시인'으로 이름을 알렸듯, 박연옥 시인 역시 '골프시'의 새로운 지평을 열며 자신의 이름을 널리 알리게 될 것입니다. 머지않아 시인을 사랑하는 독자들이 생기고, 그 독자들과 함께하는 골프와 시의 아름다운 행사들이 펼쳐질 것입니다.

　아직도 "내가 시를 쓸 수 있을까?" "골프로 시를 쓴다고?" 하며 놀라는 이들에게 이 시집을 자신 있게 권하고 싶습니다. 그리고 시인께는 시를 배우고자 하는 이들에게 감성시 쓰기를 지도해 주는 멋진 역할도 기대합니다. 멋진 골프인이자 시인으로서, 앞으로 더 많은 이들에게 감동과 영감을 전해 주길 바랍니다. 늘 곁에서 응원하겠습니다.

2025년 11월

● **추천의 글_ 권희수** 시인

한 줄기 햇살
한 올의 바람결이 그린 위에 내려앉듯
박연옥 시인의 시는 삶의 잔잔한 순간들 위에
고요히 피어납니다.

그녀의 시에는 세월의 이음새마다 깃든 설렘의 사랑
짧고도 긴 인생의 샷처럼 홀을 향해 날아가는
곡선을 닮았습니다.

그린 위에 핀 꽃은 기다림처럼
시를 통해 인내를 배우고 시간을 향한 그리움으로
따뜻한 세상을 어루만집니다

첫 시집 《그린 위에 핀 사랑》
바람이 페이지를 넘길 때마다
시인의 다정한 시선이 머물러 있는
한 편의 그림 같은 시가 피어났습니다
그대 마음에도
한 송이 사랑이 피어나길 바랍니다.

　　　　　　　　　－그린 위에 맺힌 빛의 사랑을 응원하며

● **시인의 말**_ 그린 위에 핀 사랑, 샷 하나에 담긴 고백

페어웨이는 언제나 저를 부릅니다.
햇살이 비추는 아침에도
비가 내리는 저녁에도
그 길 위에서 저는 제 삶을 돌아보고,
다시 걸어갑니다.

처음 골프를 만난 건 미국 유학 시절이었습니다.
타이거 우즈 사진첩을 보며 클럽을 쥐고,
혼자 핸드카트를 끌고 걸었던
D대학 캠퍼스의 잔디는
제게 낯설면서도 따스했습니다.
샷이 맞으면 웃고,
빗나가면 빈 스윙으로 되묻던 날들
"왜일까? 어디서부터 다시 시작해야 할까?"
그렇게 골프는 제게 질문을 던졌고,
저는 답을 찾기 위해 걸었습니다.

귀국 후 바쁜 일상 속에서
골프는 잠시 잊혔지만,
태국 파견 근무는

다시 저를 그린으로 이끌었습니다.
대중교통으로 찾아간 9홀 골프장,
퇴근 후 홀로 이어가던 라운드와 연습.
때로는 기뻤고,
때로는 울었습니다.

특히 2024년 비가 내리던 시험 날,
마지막 홀에서 실패한 순간
펑펑 울었던 기억은
지금도 마음 한켠을 적십니다.
그러나
그 눈물은 패배가 아니라,
성장의 씨앗이었습니다.

골프는 제게 단순한 운동이 아니었습니다.
삶의 리듬이자,
사랑의 방식이자,
내 마음을 가장 진실하게 비추는 거울이었습니다.
스윙 하나에도 마음을 담고,
페어웨이 위에서 인생을 배웠습니다.

벙커는 제게 시련이었지만,
동시에 새로운 시의 시작이었고
그린 위의 연인은 결국 제 안의 저였습니다.

이 시집은 골프와 함께한 제 삶의 발자취이자
사랑과 성찰, 그리고 위로의 기록입니다.
샷이 흔들릴 때마다 다짐했던 문장,
홀아웃하며 웃었던 그날의 감정들이
시에 섞여 여기에 담겼습니다.

이제 이 글을 읽는 당신께도,
당신만의 '페어웨이'가 있기를 바랍니다.
바람이 불어도 흔들리지 않는 마음,
벙커에서도 길을 찾아내는 용기,
그리고 홀컵에 들어가는
마지막 순간의 떨림까지.

당신의 삶이 이 책과 함께,
조금 더 따뜻해지고 단단해지길 소망합니다.

2025년 늦가을
박연옥(Heidi Park)

● 차례

추천의 글_ 윤보영 커피시인 • 4

추천의 글_ 권희수 시인 • 6

시인의 말_ 그린 위에 핀 사랑, 샷 하나에 담긴 고백 • 7

제1부 골프, 내 마음의 여백

골프와의 첫 만남 • 16

첫 라운드, 첫 홀 • 18

클럽을 들고 걷는 길 • 19

가장 나다운 순간 • 20

보기, 그리 나쁘지 않다 • 21

함께 걷는 페어웨이 • 22

피칭웨지의 다정함 • 23

골프공에 쓴 일기 • 24

캐디의 한마디 • 25

나무에 맞은 공처럼 • 26

실수도 빛나는 하루 • 27

티 하나, 마음 하나 • 28

백스윙 • 29

스윙은 고백처럼 • 30

넘을 것인가, 우회할 것인가 • 31

두려움이라는 이름 • 32

빗속의 티샷 • 33

우산 속에서 • 34

스코어 카드에 담긴 인생 • 35

더블의 눈물 • 36

골프장 가는 길 • 37

진짜 애인 • 38

볼 마커 • 39

볼 마커에 새긴 너 • 40

제2부 새벽 티오프-가장 맑은 사랑의 시작

너를 만나러 가는 길 • 42
새벽 티샷, 오늘을 날리다 • 43
첫 샷, 조용한 다짐 • 44
해뜨기 전, 그림자와 나 • 45
사라지는 것들의 아름다움 • 46
해돋이 골프장 • 47
티오프 전, 커피 한 잔 • 48
별이 떠 있는 티잉 구역 • 49
어둠을 밀어내는 티샷 • 50
이슬을 밟으며 • 51
티잉 구역에서의 기도 • 52
어둠을 가르는 첫 샷 • 53
새벽 티샷 풍경 • 54
티잉 구역 앞에서 • 55
샷은 곧 나다 • 56
버디, 그 반짝이는 순간 • 57
우드를 꺼낼 때 • 58
흔들리는 티샷 • 59
클럽을 닦으며 • 60
공보다 마음이 • 61
핸디캡이라는 이름으로 • 62
가을 골프장에서 • 63
괜찮아, 그 한마디 • 64

제3부 페어웨이의 사색

이상한 라운드 • 66
거리 측정기 • 67
걷다 보면 답이 있다 • 68
숲길 너머 그린이 있을까 • 69
따뜻한 이유 • 70
골프는 기다림이다 • 71
하프 스윙의 미학 • 72
함께 걷는 페어웨이 • 73
페어웨이의 바람 • 74
바람도 내 편인 날 • 75
깃발이 흔들리는 날 • 76
그린 위의 바람 • 77
바람에 기대어 • 78
홀까지 흐르는 바람 • 79
뜻밖의 기쁨 • 80
봄, 달빛 아래 스윙 • 81
봄, 은빛 페어웨이에서 • 82
여름 달빛을 가르며 • 83
여름밤 고요 속의 스윙 • 84
가을바람의 속삭임 • 85
가을밤의 묵묵한 대화 • 86
고요의 철학 • 87
겨울 첫 숨 • 88
하얀 비상 • 89
그리움 위에서 • 90

제4부 그린 위의 연인

사랑 얻기 • 92
굿샷 • 93
그린 위의 연인 • 94
퍼팅 그린 위에서 • 95
마지막 터치 • 96
퍼팅 라인 위에서 • 97
거리보다 가까운 마음 • 98
페널티 구역 앞에서 • 99
첫 벙커 앞에서 • 100
벙커 속 고백 • 101
벙커 속 작은 외출 • 102
벙커 속에서 • 103
벙커 속 숨결 • 104
벙커 속 준비 • 105
벙커 속 여유 • 106
벙커 속 깨달음 • 108
그린 위의 고백 • 110
라운드 데이트 • 111
조용한 라운드 • 112
홀컵 앞에서 • 113
러프 속의 고백 • 114
러프 속에서 • 115

제5부 인생 2막, 골프는 계속된다

마지막 홀 • 118
18홀의 순환 • 119
18번 홀의 작별 • 120
귀거래사 • 121
다음 라운드를 기다리며 • 122
골프를 사랑한다는 것 • 123
골프가 나에게 • 124
골프가 준 용기 • 125
연습장에서 만난 어르신 • 126
스코어는 숫자가 아니다 • 127

오늘도 배웠다 • 128
다시 티잉 구역에 서다 • 129
오늘도 골프와 함께 • 130
인생 2막, 그리고 그린 • 131
리듬을 잃지 않는 법 • 132
골프백의 무게 • 133
함께한 길 • 134
작은 조언, 큰 위로 • 135
함께 거둔 승리 • 136
인생 2막, 골프는 계속된다 • 137

에필로그_ 라운드 끝에서 삶을 보다 • 138

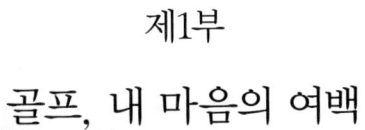

제1부

골프, 내 마음의 여백

골프와의 첫 만남

골프는 룰을 잘 지켜야 한다
모든 스포츠가 그렇지만,
골프는 특히 자신이 심판관이기 때문에
무엇보다 정직이 중요하다

코스는 있는 그대로,
공은 놓인 그대로 플레이해야 한다는 것–
이것이 바로 골프의 핵심이다

엘리트 스포츠로 시작된 만큼
드레스 코드 또한 중요하다

동반자에게 방해되지 않도록
플레이 시간과 순서를 지켜야 하고,
그린 위에서는 상대의 라인을 밟지 않아야 한다
사전에 로컬 규정도 숙지해야 한다

이런 다양한 규칙들을 익히며
설레는 마음으로 맞이한 첫 라운드는
마치 가슴 뛰는 첫 데이트처럼
흥분된 시간이었다

샷은 오직 앞으로만 보내겠다는 생각에
방향조차 잊은 채,
설렘 속에서 쭈뼛쭈뼛
클럽을 찾으며 분주히 플레이했던 그때-

지금 생각해 보면
참으로 숨 가쁜 시간이었지만,
그 모든 떨림과 설렘이
내 골프와의 첫 만남이었다.

첫 라운드, 첫 홀

골프장을 처음 찾은 날
어색한 스윙, 긴장된 표정
옆 사람의 시선조차 부담스러웠지만

티샷이 날아가는 순간
나는 내 안의 무언가가 깨어남을 느꼈다

"아, 나도 할 수 있겠구나."

첫 홀의 공은 대부분 러프로 갔지만
내 마음은 페어웨이에 가 있었다.

클럽을 들고 걷는 길

클럽 하나 들고
인생의 무게를 덜어 낸다

그 길 위엔
혼자가 아닌

나와 함께 걷는 바람이 있다.

가장 나다운 순간

조용한 홀
아무도 없고, 나와 공만 있다

그 순간,
나는 외롭지 않고
오히려 가장 나다웠다

누군가의 평가도
내 실패도
잠시 멀어졌다

골프장은
내가 나를 만나는 곳이다.

보기, 그리 나쁘지 않다

첫 홀 티샷은
언제나 긴장과 함께 온다

심호흡하고
샷을 날려 본다

벙커로
아웃오브바운즈(OB)로
페널티 구역으로도 간다

짧은 파4라는데
결과는 보기

그래,
그리 나쁘지 않다
첫 홀이니까.

---

* 해저드(Hazard)라는 용어는 없어지고 페널티 구역(Penalty Area)으로 변경되었다(2023년 R&A-USGA 규칙에 따라).

함께 걷는 페어웨이

공을 찾다가
당신을 찾았다

잔디 위를 걷는 내내
나의 시선은 공이 아니라
당신을 향하고 있었다

성공이다!

피칭웨지의 다정함

세게 치지 않아도
부드럽게 감싸 안듯
높이 날아오르는 공

그건 마치
마음을 낮춘 용기의
의미 있는 비행.

골프공에 쓴 일기

오늘의 실수
어제의 거리
내일의 방향까지

공 하나에 담겨 있다

보이지 않는 잉크로
답을 적는다.

캐디의 한마디

"이쪽이 좋아요!"

이 한마디에
생각이 정리된다

인생에도
그런 캐디 한 명쯤
있었으면 좋겠다.

나무에 맞은 공처럼

훌쩍 날아가던 공
덜컥,
나무에 맞아 멈췄다

인생도 그렇다!
앞으로만 갈 수 있을 것 같다가도

문득 멈춰
뒤돌아볼 순간이 온다.

실수도 빛나는 하루

세 번 벙커에 빠졌고
두 번은 넘겼지만

그 하루는
공보다 내 웃음이
더 멀리 날았다

그게 골프고
이게 나다.

티 하나, 마음 하나

매번 같은 자리에 티를 꽂는다

그러나 매번
다른 마음
다른 바람
다른 나

그게
오늘의 시작이다.

백스윙

백스윙은
뒤로 물러나는 동작 같지만

그건 단지
더 멀리 나아가기 위한 준비

한 번 움츠러드는 건
진짜 비상을 위한 준비

인생도 그럴까?

스윙은 고백처럼

백스윙은 망설임
다운스윙은 결심
임팩트는 고백

볼이 날아가는 동안
내 마음도 따라간다

당신에게 닿기를….

넘을 것인가, 우회할 것인가

페널티 구역 앞에
멈춘 자신을 바라본다

과연 나는 지금
모험을 선택할 준비가 되었는가?

안전한 길이
항상 정답은 아니다

가끔은
지금처럼 물 위를
건너야 할 때가 있다.

두려움이라는 이름

클럽을 쥔 손끝이
조금 더 젖어 있다

페널티 구역이 무서운 건
물이 아니라
내 마음의 흔들림 때문

과감한 샷 하나로
그 두려움마저
페어웨이로 보낼 수 있다면
그게 승리다.

빗속의 티샷

잔잔하게 내리는 빗소리
클럽 헤드 위로 맺히는 물방울이
오늘따라 더 맑다

맑은 날의 스윙보다
흐린 날의 집중이
더 아름답게 느껴지는 이유는
내 마음이
이미 젖어 있기 때문일까?

우산 속에서

모두가 뛰어다닐 때
나는 걸음을 멈췄다

우산 속
고요한 공간에
비와 나만 존재했다

골프는 참 이상하다
하늘이 울 때,
오히려 내 마음은
고요에 더 가까워진다.

스코어 카드에 담긴 인생

욕심이 컸던가
조금만 덜 치면 될 텐데

스코어는 숫자가 아니라
내 감정의 기록이라는 것을
오늘, 또 배운다.

더블의 눈물

파5, 긴 홀이다
여기서 버디를 잡아야지

첫 티샷은 멀리
두 번째 샷은 그린 근처
이제 웨지 거리다

버디? 아니면 칩인?
그런데, 뒤땅이…

파로 막으려 했지만
내리막은 너무 가팔랐다
홀컵을 벗어나 달아나는 공

빙글 돌다 튀어나온 퍼팅
결국, 더블
아~ 쓰라린 가슴아.

골프장 가는 길

이 길은 언제나 설렌다
새로운 약속이 있을 때처럼

그 끝에
당신이 서 있을 것만 같아

티샷 한 번이
사랑의 시작 같아서

늘 설렘이 놓여 있는 길.

진짜 애인

골프 있는 날은
꼭 한 시간 먼저
도착한다

그대를 만날 때도
안 그랬는데

알고 보니
내 진짜 애인은
골프다
골프!

볼 마커

오늘
당신이
내게 빌려 준 볼 마커

손끝이 닿자
작은 설렘이 올라왔다

마음도
마크할 수 있다면

당신 가슴 위에
살짝 올려 두고 싶다.

볼 마커에 새긴 너

작고 둥근 마커 안에
너를 새겼다

사람들은 모르겠지
내가 매 홀
너를 불러낸다는 걸

퍼팅 라인을 읽기 전
나는 네 이름을 먼저 떠올린다.

제2부

새벽 티오프
-가장 맑은 사랑의 시작

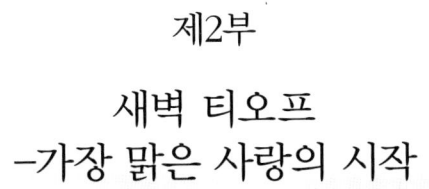

너를 만나러 가는 길

새벽부터 설레기 시작한다
오늘은 어떤 차림이 좋을까?
모자와 스커트는 어떤 게 잘 어울릴까?
사소한 것까지 챙기며
너를 만나는 순간을 그린다

이른 시간, 집을 나선다
싸늘한 공기,
잔디의 향기,
새소리까지도 나를 반긴다

젊은 시절 연인처럼
그때의 떨림이
아직 내 안에 머물러 있다

가장 멋진 나로
너를 만나러 간다.

새벽 티샷, 오늘을 날리다

새벽 공기 속
어렴풋이 떠오르는
그린을 향한 티샷

나는
다시 태어난다
지금처럼.

첫 샷, 조용한 다짐

안개는 오늘도 홀을 가린다
그린이 있는지
벙커가 기다리는지
알지 못한다

손에 쥔
작은 클럽 하나로
나는 또다시
흔들리는 공기를 가른다

늘 그랬듯
첫 샷은
조용한 다짐이다.

해뜨기 전, 그림자와 나

해는 아직 떠오르지 않았고
세상은 은은한 파란빛 속에
숨을 죽인다

클럽을 들고 걷는다
홀도 깃대도
동반자도 없다

다만
늘 따라다니는 그림자 하나
우리 둘뿐이다

어쩌면 골프는
누구를 이기기 위한 것이 아니었다

방향을 잃어도
잔디 위에 떨어진 흔적
내가 걸어온 길을 보여 줄 뿐.

사라지는 것들의 아름다움

햇살이 오기 전
그린 위엔
이슬이 반짝인다

말없이 맺혔다가
말없이 사라지는 것들
사랑도
추억도
그렇게 반짝이며 머문다

퍼터를 들고
조심스레 걸음을 옮긴다

당신의 기억을
밟지 않기 위해

아침의 사랑을
깨우지 않기 위해.

해돋이 골프장

안개 사이로
해가 고개를 든다

잔디가 금빛으로 물들면
그 위를 걸으며
어제의 나를 잊는다

그리고
오늘의 새로운 나를 만난다.

티오프 전, 커피 한 잔

티오프는 아직 멀었고
하늘은 아직 어둡다

풀잎 끝엔
이슬이 맺히고
그린은 아직 꿈속이다

나는 조용히
따뜻한 커피잔을 두 손으로 쥔다
새벽 공기를 뚫고 올라오는
커피 향이 코끝을 스친다

오늘의 첫 샷은
이 향기처럼
부드럽게 날아가기를….

별이 떠 있는 티잉 구역

별빛 아래
티를 꽂는다

이 순간,
나는 우주의
조용한 중심이 된다.

어둠을 밀어내는 티샷

어둠은
내 어깨에 앉아
스윙을 말린다

나는 그 어둠을 들고
백스윙을 한다

그리고 휘두른다

두려움보다
더 멀리
망설임보다
더 높이

나를 올린다.

이슬을 밟으며

새벽 공기가
코끝에 맺히고
잔디 위엔
투명한 숨결들이 있다

나는 조심스레 걷는다
이슬을 밟는다는 건
하루를 존중하는 마음이다

그리고
골프를 사랑하는
나만의 방식이다.

티잉 구역에서의 기도

하늘을 본다
그리고 깊이 숨을 들이쉰다

이건
경기의 시작이 아니라
내 마음을 다잡는 의식이다

잘 치기보다
후회 없는 하루가 되길 바란다

가장 나다운 샷을
날릴 수 있기를
다치지 않기를
오늘도 나를 사랑할 수 있기를

티잉 구역에 선 나는
기도하는 마음으로
스윙한다.

어둠을 가르는 첫 샷

어둠은 아직
물러가지 않았지만
하얀 공 하나가
침묵의 허공을 가른다

티업 마크 위
손을 얹고
심장을 다독인다

세상의 소음은
멀어지고
내 안의 바람이 깨어난다

잔디는 숨을 죽이고
바람은 귀를 연다
페어웨이는 스르륵
나를 깨운다

새벽이 물러선다.

새벽 티샷 풍경

티잉 그라운드 위
풀잎에 맺힌 이슬방울
햇살보다 먼저 반짝이고

첫 스윙 바람
나무 그림자를 흔드는 시간
잔디는 잠잠히 숨을 죽이고

동료의 숨결만이
잔디 이슬 위에서
첫 샷을 기다린다

공 하나
바람 한 점까지
마음에 담아

날리는 공
새벽을 깨운다.

티잉 구역 앞에서

주먹을 살짝 쥐고
발끝을 정렬하고
숨을 고르며 선다

티잉 구역 위의 긴장은
실패에 대한 두려움이 아니라
시작에 대한 예의다.

샷은 곧 나다

클럽은 같지만
결과는 늘 달라

오늘따라
나무들은 더 높고
깃대는 더 멀다

샷은 곧 나다

흔들려도
다시 휘두르는 나를

오늘도
받아들이며 나를 맞는다.

버디, 그 반짝이는 순간

그린 위
멀리 떨어진 공을 바라본다

"넣을 수 있을까?"
"붙이기만 해도 돼."

앉아서 라인을 읽고
클럽을 잡고 숨을 고른다

백스윙
임팩트
또르르-
홀컵 속으로 사라진다

버디!
순간 긴장이 풀리고
환한 미소와 함께
주먹을 불끈 쥔다

빛나는 이 순간
오늘을 기억한다.

우드를 꺼낼 때

우드를 꺼내는 순간,
조용히 숨을 고른다

한 번의 용기,
그리고 한 번의 믿음이
클럽에 고스란히 담긴다

멀리 보내고 싶지만
서두르지 않는다는 걸
우드는 알았다

힘보다 리듬을,
거리보다 방향을 가르쳐 준 우드

오늘도
우드를 꺼낸다
나를 믿는다는 자신감이
손끝에서 함께 나온다.

흔들리는 티샷

바람에 스윙이 흔들렸을까,
아니면
두고 온 마음이 흔들렸을까,

샷 하나로
감정의 균형을 잃는 날이 있다

하지만
나를 알고
당신도 알았다.

클럽을 닦으며

하루 끝에
클럽을 닦는다

잔디의 결
모래의 흔적

그 위에 묻은
나의 하루도
살며시 지워진다

웃는 하루가
보인다.

공보다 마음이

공보다 마음이
더 멀리 날아간다

잘 맞은 샷이든
벗어난 슬라이스든

결국 남는 건,
오늘 내가

얼마나 나를 사랑했는지.

핸디캡이라는 이름으로

조금 늦게 시작해도
조금 멀리 돌아가도
기회는 공평하다

골프는
핸디캡이라는 이름으로
나를 먼저 안고
다른 사람도 안아 준다.

가을 골프장에서

금빛으로 물든
페어웨이 위를 걸어가며
너를 생각하곤 한다

여기까지
잘 살아왔고

앞으로도
잘 살 수 있을 나-
자신감 넘치는 너를.

괜찮아, 그 한마디

골프는 자신과의 게임
심판도 없고
스스로 규칙을 지키는
정직한 스포츠

상대를 배려하고
함께하는 스포츠

어려운 그린 위에서
실수한 내 모습은
동반자의 위로 속에서
조금은 가벼워진다

"괜찮아!"
그 말 한마디가
오늘의 라운드를
함께 걷게 한다.

제3부

페어웨이의 사색

이상한 라운드

우리는
나란히 걷는다
너무 멀지도 가깝지도 않게
그 거리감 속에
온기가 있다

클럽을 쥔 손보다
당신의 발걸음에
더 신경이 쓰이는

이상한 라운드.

거리 측정기

당신과 나 사이
몇 미터쯤 될까?

핀까지 거리보다
그대 마음까지 거리가
더 궁금한 날이었다

오늘은….

걷다 보면 답이 있다

공보다 마음이
먼저 굴러가
페어웨이를 걷는다

어디로 치든
도착은 같은 그린이라는 걸
걸으면서 배운다.

숲길 너머 그린이 있을까

낙엽 진 경사 길을 올라
잠시 숨을 고른다

앞이 보이지 않아도
나는 안다

그 너머 어딘가
그린이 기다리고 있음을

골프는 그렇게
보이지 않아도
믿고 가는 여행이다.

따뜻한 이유

우린 완벽하지 않지만
그것마저 감싸 준다

핸디캡이 있는 경기가
더 따뜻한 이유는

우리 모두
부족한 걸 안다는 뜻이다.

골프는 기다림이다

내 차례를 기다리며
풍경을 본다

캐디의 말 한마디에
내 마음을 얹는다

골프는 결국
나를 기다리는 시간

그 기다림 속에서
나를 만나는 일.

하프 스윙의 미학

반만 휘둘렀을 뿐인데
더 정확했다
인생도 그렇다

전부보다
절반의 여유가
더 멀리 데려다 준다

오늘처럼.

함께 걷는 페어웨이

하늘은 흐리지만
나는 밝다

캐디 한마디,
"그대로 하세요!"
이 말이 오늘은
무엇보다 따뜻했다

구름도
동반자도
그리고 나도

함께 걷는 페어웨이!

페어웨이의 바람

등 뒤에서 불어오는 바람
내 샷을 살며시 밀어 준다

삶에도 저런 바람이 있다면
나는 어디까지라도 갈 수 있겠지

밀어 준다기보다
뒤에서 응원해 주는 바람

골프는 바람과 함께
내 안의 목소리를 듣는 시간이다.

바람도 내 편인 날

공이 가는 길을
내가 아닌 바람이 결정할 때

나는 안다

그 바람도
내 편인 날이 있다는 걸.

깃발이 흔들리는 날

바람에 깃발이 흔들렸다

그쪽으로 쳐야 할지
피해야 할지

결정은 늘
내 안에서
조용한 목소리가 내린다.

그린 위의 바람

잔디 위를 스치는 바람
그 속에서 숨을 고른다

볼이 멀리 가지 않아도
마음은 이미 날아가 있다

바람은 내 실수를 꾸짖지 않고
그저 지나간 길을 감싸 준다.

바람에 기대어

손끝에 느껴지는 바람
마음도 따라 흔들린다

길이 보이지 않아도

바람은 늘 내 곁에서
내가 잃은 것을 기억해 준다.

홀까지 흐르는 바람

홀을 향한 길은 멀고
바람은 내 앞을 가로지른다

하지만 나는 알았다

때로는 바람에 맡기는 것이
자신을 믿는 것보다 낫다는 것을.

뜻밖의 기쁨

강하게 불어오는 바람
처음엔 나를 흔드는 듯했지만

나는 그 바람을 읽고
스윙 방향을 살짝 바꿨다

볼은 예상보다 멀리 날아가
홀 근처에 앉았다

바람도
골프도
때로는 나를 시험하지만

그 힘을 이해하면
결과는 뜻밖의 기쁨으로 돌아온다.

봄, 달빛 아래 스윙

바람 따라 흩어지는 공
조용히 흘러간다

밤의 숨결
고요 속의 마음
달빛에 젖은
잔디 위를 걷는다

하나의 마음
맑게 적신다
가볍게 흔드는 손끝

은빛 페어웨이에
생각을 내려놓는다.

봄, 은빛 페어웨이에서

꽃잎 하나 흩어지며
고요가 번진다

봄바람 숨결 따라
마음도 스윙한다

달빛 젖은 잔디 위
한 걸음마다
생각이 씻겨 나간다

은빛 페어웨이 위
가벼운 스윙 하나에
봄이 머문다.

여름 달빛을 가르며

달빛 아래 흔들림도 미덕
흔들리는 그립 또한
차분한 열정 앞에서는
정직한 고백이 된다

뜨거운 밤공기 속
포기하지 않는 한 샷이
마음을 단련한다

달그림자 길게 드리운 페어웨이
그림자는 깊어지고
스윙은 흐른다

달빛을 가르며
공이 멀리 날아간다.

여름밤 고요 속의 스윙

흔들려도 괜찮아

여름밤,
고요 속의 스윙

흔들려도 괜찮다
달빛이 함께하니까.

가을바람의 속삭임

바람과 달빛 사이의 스윙
가을밤 골프는 속삭임 같다

화려한 단풍보다 조용한 평화
스윙보다 느린 걸음 속에서
깊이를 배운다

달빛 비친 골프장
낙엽 위로 스미는 빛
발끝이 사각거린다

계절이 스윙을 한다면
이런 소리일까.

가을밤의 묵묵한 대화

달빛 비친 낙엽 위 걸음
골프화의 자국보다
마음이 먼저 깊어졌다

달빛 속 걷는 내 스텝
가을밤은 내 마음을
고요히 감싼다

조용한 가을 페어웨이
낮게 깔린 달빛 아래
그린은 숨을 죽인다

나 역시 숨을 고르며
홀을 향한
묵묵한 대화를 시작한다.

고요의 철학

화려한 단풍보다
고요한 평화가 좋다

달빛 아래 느린 스윙에서
삶의 철학을 배운다

달빛 비친 낙엽 위에서
겨울의 첫 숨을 느낀다.

겨울 첫 숨

겨울 첫 숨이 내게 닿는다
투명한 공기 속에서
생각의 그림자들이 멈춘다

바람도 소리도
스윙의 흔적마저
고요 속에 스며들고
나는 멈춤의 자리에 선다

숨이 하얗게 번지는 곳
그곳에서
마음의 결을 다시 고른다.

하얀 비상

하얀 안개 속 골프공
하얀 달빛 속으로
조용히 날아간다

차가운 페어웨이 위에 선다
달빛이 내 어깨를 비춘다

스윙의 열기가
얼어 있던 마음을 녹이고

공을 따라
따뜻한 마음이 날아간다.

그리움 위에서

코스에서 공을 친다
어제의 나를 친다

날아가던 공이
내 가슴으로 돌아온다

이만큼 시간이 지났으니
지워질 만도 한데…

아직은
더 연습해야겠다.

제4부

그린 위의 연인

사랑 얻기

골프 가는 날은
나를 가장
멋지게 만들곤 한다

너의 마음을 얻기 위해
아니
네 사랑을 얻기 위해.

굿샷

페어웨이 위에서
새벽 공기 속으로
티샷!

날아간 공만큼
가능성이 담긴다
자신감이 담긴다

굿샷!
이 한마디에
내가 다시 태어난다.

그린 위의 연인

햇살이 비치는 페어웨이
그 위를 나와 당신
단둘이 걸었다

당신은 말이 없었고
나는 질문이 많았다

그러다 문득
공이 굴러가는 걸 보며
우리 마음도
굴러가고 있음을 알았다

스코어는 기억나지 않지만
그날의 바람과
당신의 뒷모습은
여전히 내 가슴에
그린을 옮겨 놓고

지금도 내 마음엔
그린 위의 연인으로 남아 있다.

퍼팅 그린 위에서

공과 홀 사이
불과 몇 걸음 거리인데
마음은 천 리를 돌고 있다

지금 이 순간
가장 조심스러운 건
한 걸음도 움직이지 않는
내 마음이다.

마지막 터치

스윙이 아니라
속삭임에 가까운 움직임

나는 공을 밀어내는 것이 아니라
내 마음을 다독여 보내는 중이다

이 한 타가 말해 줄 것이다
오늘 하루가
얼마나 단단했는지를.

퍼팅 라인 위에서

모든 감정이
한 줄로 이어졌다

고민, 설렘, 집중, 바람…

나는 볼보다
마음이 먼저 흔들리는 걸
알고 있다

그런데도
조심스레 손끝을 밀어
당신에게
마음을 건넸다.

거리보다 가까운 마음

핀까지의 거리는 128미터
하지만 당신까지의 거리는
숨결조차 느껴지는 듯

공이 그린에 닿기 전
나는 이미
당신 안에 멈춰 있었다

당신까지의 거리는
눈길 한 번이면 충분했다.

페널티 구역 앞에서

페널티 구역 앞에 서면
늘 망설인다

넘어갈 수 있을까
빠지진 않을까
안전하게 우회할까

결국 선택은 나의 몫
그 선택이 결과가 되고
결과가 또 나를 바꾼다

그래도 가끔은
페널티 구역을 향해
과감히 샷을 날린다

삶도 그러하니까
두려움은 언제나
기회와 함께 오는 법!

첫 벙커 앞에서

첫 벙커 앞에서
나는 한참을 멈춰 섰다

모래 속 공은 깊이 숨어 있고
내 마음도 그만큼 움츠러들었다

그러나 스윙하는 순간
모래가 날아오르며
두려움도 함께 흩어졌다

그날 처음 알았다
벙커는 넘는 것이 아니라
받아들이는 것임을.

벙커 속 고백

벙커에 빠졌다고
실패는 아니다

오늘도 나는
당신 앞에 솔직했다.

벙커 속 작은 외출

하얀 모래에 빠진 공
한참을 바라봤다

나도 한때는 그랬다
걸어온 길을…

부드럽고 고요한 곳
빠져 나오지 못했던 시간.

벙커 속에서

하얀 모래 위에
작은 공 하나 놓여 있다
생각에 빠진
하얀 침묵처럼

나는 클럽을 바꾸고
두 발을 모래에 살짝 묻는다

급하지 않고
욕심내지 않고
모래를 치듯
상처마저 부드럽게 넘긴다

툭-
공은 모래 먼지를 뒤로한 채
가볍게 떠오른다

인생도 가끔은
이렇게 나를 시험하고
또 나를 가르친다
그렇게 나는 조금씩 자란다.

벙커 속 숨결

고요하다
모래 위에 선 나는
무너진 마음을 달랜다

벙커에 빠졌다는 건
잠시 멈추라는 뜻

손끝의 숨결로
다시
나를 일으켜 세운다.

벙커 속 준비

가끔 인생은 벙커 같다
잘 쳤다고 믿었던 샷이
너무 잘 날아가 벙커에 빠지듯

애써 살아온 하루
엉뚱한 방향으로 미끄러진다
모래는 부드럽지만 나를 붙잡는다

가볍게 빠져나갈 수 있다고 생각했지만
한 발을 디디면
또 다른 발이 깊이 박힌다

벙커에 들어서면
먼저 주변을 살핀다
내가 어디쯤 와 있는지
어떻게 나가야 할지를 고민한다.

벙커 속 여유

난 두 발을 단단히 묻고
숨을 고른다

다시 나가기 위한 준비는
언제나
내 안의 고요함에서 시작되니까

벙커에서는 정교한 기술보다
마음의 여유가 더 중요하다

한 번의 실수로
깊어진 벙커에서
억지로 공을 끄집어내려 하면

오히려 더 깊이 빠진다
그러니 모래를 먼저 치듯
삶의 무게도
한 번은 내려놓아야 한다

살다 보면 누구에게나 벙커가 있다
그것이 사랑이든
슬픔이든
아니면 외로움이든

우리는 모두
예상치 못한 벙커
한가운데에 서게 된다.

벙커 속 깨달음

필요한 건
완벽한 스윙이 아니라
잠시 멈추고
자신을 돌아보는 여유다

벙커에서 벗어난 공이
페어웨이에 안착할 때
나는 깨닫는다
벙커는 나를 방해한 게 아니라
나를 단련시킨 순간이었음을

지금 내 삶도
벙커 한가운데에 있지만
언젠가 이 모래 위에서
가볍고 단단한 스윙 하나로
다시 나갈 수 있으리라 믿는다.

그린 위의 고백

퍼팅은 침묵의 언어
말하지 않고도 전해지는

그린 위의 진심

떨리는 손끝으로
나는 나에게 말을 건다

"넌 괜찮아, 오늘도"

라운드 데이트

온종일 같이 걷고
함께 웃고

실수를 해도
서로 웃어 주는 시간

골프장은
가장 길고 조용한
데이트 코스다.

조용한 라운드

코로나의 고요는
벙커에도 내려앉아 있었다

발자국 하나 없는 모래는
마치 아무도 밟지 않은
마음의 풍경 같았다

홀로 서 있던 그 시간
나는 골프가 사람보다
자연과의 대화란 걸 알았다.

홀컵 앞에서

한 뼘 남은 거리

가까울수록
마음은 멀어진다

그 한 걸음이
가장 긴 여정인 날도 있다

러프 속의 고백

풀숲으로 뛰어든 공을 보며
문득 그를 떠올렸다

보이지 않아도
그 자리에 있다는 확신

그게
어쩌면 오늘의 고백이었다.

러프 속에서

바람은 오늘도
공을 엉뚱한 길로 데려가고

러프 속 풀들은
그 공을 조용히 감싼다

우드 대신 7번 아이언을 꺼내며
나는 잠시 멈춘다

삶도 때로
이렇게
예상치 못한 곳에서
다른 스윙을 준비해야 하니까.

제5부

인생 2막, 골프는 계속된다

마지막 홀

공은 굴러가고
마음은 멈춘다

18번 홀 위에서
나는 오늘도
나를 만난다

결과가 어찌 되었든
끝까지 걸어온 나에게
박수를 보낸다.

18홀의 순환

돌아가는 길이다
18홀을 다 돌고 나면
나는 내가 누구였는지
다시 기억해 낸다

초반의 흥분,
중반의 집중,
후반의 수그러든 햇살과
무거워진 다리

그 속에서
내가 진짜로 좋아하는 샷
참아낸 침묵을 만난다.

18번 홀의 작별

깃발이 멀어진다
내 안의 하루도 멀어진다

클럽을 넣으며
나를 내려놓는다

하루가 웃는다
다행이다.

귀거래사

늘 18홀은 티샷도 잘되고
마무리도 잘된다
스코어도 좋다

굿샷 소리를 뒤로하며
또다시 오고 싶다고
노래를 부른다.

다음 라운드를 기다리며

비록 샷은
완벽하지 않았지만
마지막 홀을 지나면서
조금 더 단단해졌다

라운드 끝은
끝이 아니라
늘
다음 샷을 위한 시작이다.

골프를 사랑한다는 것

매일 같은 공을 보고도
매번 새로운 설렘이 드는 건
그게 사랑이기 때문이다

골프를 사랑한다는 건
나를 조금씩 알아가는 일
세게 치지 않아도
멀리 날 수 있다는 걸 배우는 일

어느 날은 웃고
또 어느 날은 울고

그래도 다시 티 위에 서는
그 용기를
먼저 사랑해야 한다는 것.

골프가 나에게

"천천히 가도 괜찮아,
한 번쯤 빗나가도 돼."

아무도 말해 주지 않을 때
골프가 내게 말했다

이 말에
미소로 답했다.

골프가 준 용기

러프에서 퍼올린 공처럼
무너진 마음도
다시 올릴 수 있다는 걸

나는 골프에서 배웠다
그런 네가 고맙다.

연습장에서 만난 어르신

말없이 스윙을 하시던
그 어르신의 등
시간이 쌓여 만든 자세

나는 생각한다
골프는 실력이 아니라
삶이 만든 자세라고.

스코어는 숫자가 아니다

스코어 카드를 바라본다

계산대로라면 파
예상대로라면 버디

그러나 코스 위의 나는
뒤땅, 땅볼, 엉뚱한 방향

스코어는 늘
내 계산을 비껴간다

그렇다
골프는 숫자가 전부가 아니다

그 과정 속에서
내가 얼마나 진심이었는가

내 삶과 관계를 담은
또 하나의 기록이다.

오늘도 배웠다

18홀을 마치면
언제나 아쉬움이 남는다

조금 더 집중했더라면
조금 더 왼쪽을 보았더라면
버디였을 텐데

아,
왜 에이밍을 그렇게 했을까
왜 치기 전에
그걸 생각하지 못했을까

잘 날아가던 드라이버가
갑자기 땅볼이 되기도 한다

돌발 상황은
언제나 기다린다

골프는 인생이고
사랑이기 때문에
당연하다.

다시 티잉 구역에 서다

다시 시작하는 건
용기다

인생도 골프도
티잉 구역에 서는 순간부터
다시 시작된다.

오늘도 골프와 함께

햇살은
어제보다 따뜻하고
마음은
어제보다 가볍다

오늘도
골프와 함께
내 삶은 진행 중.

인생 2막, 그리고 그린

다시 무언가를 배우고
다시 설레게 되는 날들

인생 2막에서

나는 골프
그대를 만났다!

리듬을 잃지 않는 법

빠르지도
느리지도 않게
호흡을 고르고
먼저
바람에
몸을 맡긴다

조급하면
스텝이 흐트러지고
욕심 내면
박자가 흔들린다

리듬은 힘이 아니라
흐름 속에서 탄생된다

빠르지도 느리지도 않게
먼저 호흡을 고르고
바람에 나를 맡긴다.

골프백의 무게

골프백을 내릴 때
오늘따라
더 무겁게 느껴진다

이 안에
포기하지 않은
샷들이 들어서일까

맞다,
무게는
단지 짐이 아니라

내가 견뎌 온
하루의 기록이다.

함께한 길

샷보다 오래
기억되는 건
걸어온 길

골프 백과 함께
걷는 길 위에
혼자가 아닌
나를 발견한다

걸었던 거리만큼
마음도
멀리 와 있다.

작은 조언, 큰 위로

"조금 오른쪽이 좋아요."

이 한마디에
흔들리던 내 중심이
다시 바로 선다

혼자 걷는 길에도
누군가 곁에 있다는 건
얼마나
큰 위로인가.

함께 거둔 승리

캐디는 클럽을 건넬 뿐이지만
그 손에는 경험이 담겨 있다

나는 그 믿음을 들고
공을 날린다

이 샷은
나의 것이지만
승리는 우리 둘의 것이다.

인생 2막, 골프는 계속된다

1막의 열정과
조급함을 내려놓고
이제 2막의 커튼을 연다

조용히
그리고 천천히
나만의 이야기를 펼친다

스윙은 더 부드럽게
마음은 더 차분하게
힘을 빼고 숨을 고르며
편안히 걸어가는 페어웨이

인생 2막의 시나리오는
서두르지 않아도 된다

고요히
그러나 깊게
바람과 햇살 따라
끝없이 이어진다.

● 에필로그

라운드 끝에서 삶을 보다

이 시집을 마무리하며
나는 다시 티잉 구역에 서 있는 기분이다.
골프는 나에게 단순한 스포츠가 아니었다.

푸르른 페어웨이 위에서 만난 사계절의 바람,
벙커에 빠져도 다시 스윙하는 회복의 자세,
그리고 그린 위 침묵 속에서 나누던 감정의 속삭임들…

하나하나가 삶의 은유였고,
그 속에서 나는 자신을 더 깊이 이해하고
한 사람을 더 진심으로 사랑할 수 있었다.

이 시들을 쓰며,
나는 스코어보다 중요한 것을 배웠다.

'잘 치는 라운드'가 아닌,
'진심으로 걸은 하루'가
더 오래 기억된다는 것을.

누군가 이 글들을 읽고
자신의 인생을 향한 라운드에 작은 위로를 얻는다면,
그것으로 이 여정은 충분히 아름다웠다고 믿고 싶다.

이제 나는 클럽을 내려놓고
조용히 홀아웃을 준비한다.
그러나 진심으로 말할 수 있다.

"오늘도, 잘 걸었습니다."

그린 위에 핀 사랑
A Love Blossomed on the Green

박연옥(Heidi Park) **골프 감성시집**